课后半小时 小学生阶段阅读

文化基础 ✕ 自主发展 ✕ 社会参与

中国文化

华夏文明的底蕴

课后半小时编辑组 ■ 编著

013

北京理工大学出版社
BEIJING INSTITUTE OF TECHNOLOGY PRESS

核心素养之旅
Journey of Core Literacy

　　中国学生发展核心素养，指的是学生应具备的、能够适应终身发展和社会发展的必备品格和关键能力。简单来说，它是可以武装你的铠甲、是可以助力你成长的利器。有了它，再多的坎坷你都可以跨过，然后一路登上最高的山巅。怎么样，你准备好开启你的核心素养之旅了吗？

文化基础

科学基础
- 第 1 天 万能数学 ⟨数学思维
- 第 2 天 地理世界 ⟨观察能力　地理基础
- 第 3 天 物理现象 ⟨观察能力　物理基础
- 第 4 天 神奇生物 ⟨观察能力　生物基础
- 第 5 天 奇妙化学 ⟨理解能力　想象能力　化学基础

科学精神
- 第 6 天 寻找科学 ⟨观察能力　探究能力
- 第 7 天 科学思维 ⟨逻辑推理
- 第 8 天 科学实践 ⟨探究能力　逻辑推理
- 第 9 天 科学成果 ⟨探究能力　批判思维
- 第 10 天 科学态度 ⟨批判思维

人文底蕴
- 第 11 天 美丽中国 ⟨传承能力
- 第 12 天 中国历史 ⟨人文情怀　传承能力
- 第 ⑬ 天 中国文化 • 传承能力
- 第 14 天 连接世界 ⟨人文情怀　国际视野
- 第 15 天 多彩世界 ⟨国际视野

自主发展

学会学习
- 第 16 天 探秘大脑 ⟨反思能力
- 第 17 天 高效学习 ⟨自主能力　规划能力
- 第 18 天 学会观察 ⟨观察能力　反思能力
- 第 19 天 学会应用 ⟨自主能力
- 第 20 天 机器学习 ⟨信息意识

健康生活
- 第 21 天 认识自己 ⟨抗挫折能力　自信感
- 第 22 天 社会交往 ⟨社交能力　情商力

社会参与

责任担当
- 第 23 天 国防科技 ⟨民族自信
- 第 24 天 中国力量 ⟨民族自信
- 第 25 天 保护地球 ⟨责任感　反思能力　国际视野

实践创新
- 第 26 天 生命密码 ⟨创新实践
- 第 27 天 生物技术 ⟨创新实践
- 第 28 天 世纪能源 ⟨创新实践
- 第 29 天 空天梦想 ⟨创新实践
- 第 30 天 工程思维 ⟨创新实践

总结复习
- 第 31 天 概念之书

中国儿童核心素养培养计划

课后半小时 小学生阶段阅读

文化基础 ✕ 自主发展 ✕ 社会参与

013

卷首

FINDING 发现生活

EXPLORATION 上下求索

COLUMN 青出于蓝

THINKING 行成于思

汲文化之荟
扬华夏之美

历史长河，源远流长；文化长河，浩浩汤汤。

我们中国作为拥有着五千年历史的文明古国，漫长的历史沉淀出令世人所惊叹的瑰宝——文学艺术、民族风俗、宏伟建筑等，它们成为文明的载体，散落在我们生活的方方面面。在我们所吃的一餐一饭里，身着的一丝一缕中，住处的一砖一瓦上，都流动着文化的细流，它们穿梭千年，融合古今，润物细无声地滋润着你我。

我们这本书讲述的就是中国文化的故事，你可以把它看成一条奔腾的溪流，而服饰、饮食、建筑、交通、艺术、神话就是它的各个支脉，中国文化兵分六路，在各个领域都闪闪发光。读完这本书，你或许会感慨千百年来的时代变迁，或许会唏嘘一个王朝的覆灭，或许很想穿越回某个时刻体验其他时空的生活，或许只是静静地坐下来，陷入

思考：我能为中国文化做些什么？

　　小朋友，我们的确非常幸运，生活在富足、安定、现代化的 21 世纪的中国，文化带给我们无穷的力量，我们可以站在巨人的肩膀上眺望很远的远方。但是，一代人有一代人的担当，时代在进步，文化也需要前行。中国文化需要你们新生代的力量去传承和创新，这样它才能够生生不息、常读常新。源远流长的中国文化是我们永远的骄傲，我们要共同守护，担起肩上的责任,将中国文化的神韵代代相传!

宋向光
北京大学考古学系教授
北京大学赛克勒考古与艺术博物馆馆长

一片树叶的传奇

撰文：Sun

如果说有哪种饮品穿越千年至今仍然受欢迎，我们第一个想到的就是茶吧。我国是茶的故乡，是最早栽培和饮用茶的国家。中国的茶历史悠久，传说神农尝百草时发现了茶。关于饮茶的文献记载最早出现在汉朝。到了唐朝，被誉为"茶圣"的陆羽写出了世界上第一部关于茶的专著——《茶经》。

宋朝时，茶的种植面积越来越大，民间有了将"柴米油盐酱醋茶"称为开门七件事的说法。饮茶逐渐成为人们的生活习惯，上自皇帝下至百姓，都被茶香所吸引。宋朝的皇帝为了喝到好茶，甚至还组建了贡茶院，专门为皇家生产贡茶。

如今，茶叶的种类已是非常丰富，泡茶的技法也在逐渐精进，喝茶成为一种文化与传承。我们在平凡的日常中，也能感受到文化的润物细无声，这也许正是中华文化的魅力所在。

▶ 延伸知识

到茶坊喝茶

古人和现代人一样，有了闲暇时间就会约上三两好友，到茶坊喝喝茶、聊聊天，消磨一天的时光。供人休息饮茶的茶坊在宋朝十分流行。北宋汴京（今开封）的茶坊有早市茶坊和晚市茶坊，不管白天黑夜，人们总能找到喝茶的地方。

风靡世界的饮品

汉朝的丝绸之路开通后，中国的丝绸、瓷器、茶叶传到了世界各地。在唐朝，西域商人常用马匹换取中原的茶叶。到了明朝，郑和下西洋时带了大量的茶叶，这些茶叶沿途被当作礼物和商品留在了印度、斯里兰卡，甚至遥远的非洲东岸。后来，有两个哥萨克人将茶叶传到了俄国，荷兰船队又将茶叶卖到了欧洲的其他国家。就这样，中国的茶叶渐渐成为世界的茶叶。

古人怎样喝茶

元明之前，古人喝茶并不像现在一样直接用开水冲泡茶叶，而是先将新鲜的茶叶蒸熟，再制成茶饼，供给皇帝的茶饼还要印上龙凤图案。人们想要喝茶，需要用茶碾、茶磨将茶饼碾成粉末，用沸水冲点，并用茶筅（xiǎn）打出沫后才可以饮用。到了明朝，人们开始使用沸水冲泡茶叶，可以简单冲泡的散茶逐渐取代了茶饼。

看一看古人喝茶都会用到什么吧!

茶饼

茶叶粉末

茶磨

茶碾

茶筅

不止好看 各朝穿什么

撰文：刘彦朋 Sun 陶然

像茶叶一样，文化就藏在我们的平常生活中，润物细无声地塑造着我们的生活，影响着中国人的衣食住行。

今天穿什么衣服？这也许是很多人早上起床后思考的第一个问题。在文化发展的漫长历程中，衣服超越了遮蔽身体的基本功能，它可以是身份的象征，可以是生活习惯的体现，可以是审美的寄托。它不断承载起越来越厚重的文化内涵，成为宝贵的文化遗产。服饰变迁史也是文化史的重要组成部分。

学习穿汉服

中华文明是多民族融合的文明，民族融合也体现在不同民族服饰上的相互借鉴、影响。比如在鲜卑族建立的北魏，民族融合进一步发展。这一时期，政局混乱，战乱频繁，各族人民为了逃避战乱，四处迁徙，胡人与汉人渐渐混居，胡人逐渐喜欢上了汉人的长衣长袍，汉人也接受了胡人的短衣短裤。此外，人们的服饰还会随着统治者的喜好换来换去，今天穿长袍，明天穿短衣，没有固定的穿衣规则。

褶

袴

袴褶
北方胡人的上衣和下裤。

褶（xí）

褶，也就是上衣，有长有短，有对襟和交领等不同的款式。

袴（kù）

袴是一种非常肥大的裤子，古人为了方便骑马和劳动，还会在裤子的膝盖处用丝带扎起来，又称缚袴。

穿袴褶的男子

穿长袍的男子

裲(liǎng)裆(dāng)

是一种没有袖子的衣服，就像今天的背心和坎肩。南北朝时，裲裆是男女都可以穿着的衣服。

男式裲裆

女式裲裆

▶延伸知识

带头穿胡服的太子

元恂（xún）是北魏太子，孝文帝拓跋宏的长子。洛阳的夏天炎热，太子为图凉快，不顾皇帝的命令，带头脱掉了汉服，穿起了胡服，其他人也纷纷效仿。皇帝发现后，太子仓皇逃跑，并起兵反抗。皇帝平乱后，将太子赐死。

北魏有一位叫拓(tuò)跋(bá)宏的皇帝，他深刻认识到了汉文化的博大精深，认为应该学习汉文化，这样才能更好地统治一个多民族国家。有远见的拓跋宏说干就干，他将鲜卑的拓跋姓改为汉族的元姓，命令所有人学汉语，甚至将国都迁到洛阳。这还不够，他还下令禁止胡人穿胡服，只许穿汉人的长衣长袍，违令者要受到惩罚。一时间，胡人不敢再穿胡服，倒是汉人喜欢上了方便劳动的胡服。

不许再穿胡服！

爱美的大唐女子

　　爱美并不是现代社会的专利，古人同样爱美。唐朝女子
的地位很高，她们可以骑马，可以穿男装，可以穿袒胸露臂的衣服，
甚至还可以当皇帝。唐朝女子的衣服华丽，种类繁多，要是出
门，她们一定会穿上襦（rú）衫，配上漂亮的长裙，襦衫外
有时还会套上时尚的半臂，披上漂亮的帔（pèi）帛（bó），
走起路来帔帛随风摆动，漂亮极了。

除了注重穿着，唐朝女子也十分讲究自己的容貌。她们喜欢在额头贴上各种形状的<u>花钿</u>，描画不同样式的眉毛。唐朝女子每天都会梳各式各样的发髻，还要在发髻上插上鲜花，像牡丹、芍药、荷花、海棠花等一些应季的鲜花都是她们的选择。

螺髻

垂髻

倭堕髻

单刀半翻髻

多样的眉形

唐朝女子特别喜欢画眉毛，从初唐到晚唐，眉毛的样式已发展出十几种，就连未成年的女孩儿竟然也模仿大人画眉毛，唐朝诗人李商隐的《无题》一诗中就有提及："八岁偷照镜，长眉已能画。"

好看的花钿

花钿是古代女子贴在额头上的花饰。额间饰花钿并不是起源于唐朝，据说源自南朝。传说南朝的寿阳公主在屋檐下休息，一阵微风吹来，一朵梅花落在她的额间，等她醒来时，发现梅花在她的额间留下了淡淡的花痕，且久洗不掉。后来，宫女竞相模仿这样的妆容，称之为梅花妆。

清宫剧中的满族服饰

文明的历程常伴随着残酷的战争，由于服饰是风俗文化的鲜明体现，新的统治者为了巩固统治，推行自己的风俗文化，往往严厉地推行服饰改制。比如建立中国最后一个封建王朝——清朝的满族人，作为金代女真族的后裔，一直保持着本民族的传统。

入主中原之后，满族统治者发现，很多地方还残存着明朝势力。恼羞成怒的清朝统治者为了让民众彻底归顺，颁布了"剃发易服"的法令。法令规定，除了僧道以外，汉族男子必须遵照满俗剃掉周边头发，仅在头顶留一小块铜钱大小的头发，并结成辫子，否则要杀头。古人认为，身体和头发都是父母给的，不能毁坏，因此许多人抗拒这一法令。除了剃头，清朝统治者还要求人们"易服"，男子不能再穿汉服，只能穿满族的服饰，违者会有牢狱之灾。

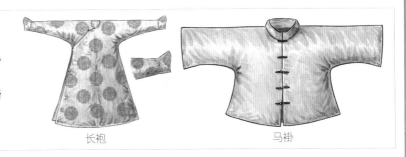

马蹄袖

清朝的袍子袖端有一种弧形的袖头，形状非常像马的蹄子，所以叫作"马蹄袖"。马蹄袖最初是为了给手背保暖。

长袍　　　　　　　　　　马褂

清朝男子的服装主要是袍子和马褂。男子的长袍长至脚踝（huái），袖口有马蹄袖式和平袖式。清朝以前，人们大多把袍子当作外套穿在外面，把短褂、短衫穿在袍内。而在清朝，马褂穿在外，袍子却穿在内。

清朝有一种特别的黄色马褂。从宋、明起，黄色就成为"贵色"，除皇帝之外的人一般不能使用。到

了清朝，皇帝允许他的贴身侍卫穿黄马褂，还将黄马褂赐给立功的官员。所以，在清朝穿黄马褂就像得到了奖状，非常光荣。

清朝的满族女子的传统服饰是长袍，包括开衩的"氅（chǎng）衣"和衬在里边不开衩的"衬衣"两种，也就是后来旗袍的前身。

满族女子的发型也很特别。在清前期，满族女子

喜爱盘辫，到了清后期，一种叫"两把头"的发型最为流行，时常在清宫影视剧中出现。"两把头"又叫"一字头"，做这种发型时，需要将头发梳成左右两个发髻，再用一支大簪子固定，最后给发髻戴上各种发饰。此外，"大拉翅"的发型也很常见，它高高挺立的样子，不禁令人想起高耸的牌楼。

▶ **延伸知识**

满族入主中原后，大臣觐见皇帝时，要将马蹄袖放下来，再行跪拜礼。

两把头　　　大拉翅

餐桌上的文明

撰文：陶然

回顾历史，我们的祖先挥动器具掘开泥土，小心翼翼地播下珍贵的种子；再看看今天，我们轻松地使用各种现代化厨具，烹调来自天南海北的食材。千百年来，我们对于美食的热爱从未改变，桌上的食物所体现的正是文明的发展、交融和进步。

古老的用餐礼仪

周朝的餐桌上有一系列需要遵守的礼仪，大到餐具使用，小到怎样吃饭、怎样吃粥、怎样吃肉……这些礼仪告诉人们哪些行为是不礼貌的，哪些吃饭的方法是不正确的。直到今天，我们的餐桌上还保留着部分这样的礼仪要求。

毋固获

不要只吃自己喜欢的一种食物，或者去争抢某种食物。

毋咤食

吃饭时，嘴巴不能发出声音，发出声音是对主人的饭菜不满意的表现，是非常不礼貌的行为。

毋放饭

拿过或吃过的食物不能再放回餐盘之中。

毋投与狗骨

客人除了自己不能啃骨头外，也不要把骨头丢给狗去啃，这样主人会认为你对饭菜不满。

共食不饱

与别人一起吃饭时，自己不能吃得太饱，要注意谦让。

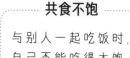
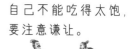

毋剔齿

吃饭时不要随意剔牙齿，如果塞牙要等到饭后再剔，当面剔牙在今天也是一种非常不礼貌的行为。

毋嘬炙

在吃烤肉时，不要将大块的肉一口吃下，狼吞虎咽的行为非常不得体。

毋啮骨

吃饭时，不能在饭桌上啃骨头，这样会发出不雅的声响，而且满嘴流油，显得十分不礼貌。

食器上的"怪兽"

传说，有一种神秘的怪兽——"饕（tāo）餮（tiè）"。它是一种非常贪婪的怪兽，周朝人常把饕餮作为青铜鼎、簋等食器的纹饰，给这些器具增添了一丝威严与神秘的色彩。

大有来头的节日美食

文明进程中诞生了许多有着重要意义的节日，富有特色的节日食物更进一步烘托了文化氛围。我国有很多传统节日，历史悠久，有些节日可以追溯到夏商，甚至更早。

中国的节日活动内容丰富，每个节日都有独特的美食。节日里的美食都有来历，有些与节令有关，有些与历史人物有关，经过千百年的传承与改良，形成了今天的节日食谱。

春节

春节是我国最重要的节日，公历的1月1日称为元旦，农历的正月初一称为春节。春节前一天的夜晚叫除夕，要吃年夜饭，北方和南方的年夜饭有所不同：北方要包饺子、吃饺子，饺子是取新旧交替"更岁交子"的意思；南方大部分地区要吃年糕、鱼、肉等菜，年糕有"年年高"的寓意，鱼是"余"的谐音，象征"吉庆有余""年年有余"。

饺子

元宵节

农历正月十五是元宵节，又称上元节，起源于西汉时期，是中国的传统节日。正月十五是新年中的第一个月圆之夜，这一天人们要吃汤圆或元宵，参加赏灯、猜灯谜等活动。

汤圆

寒食节和清明节

大约清明节前一两日是寒食节。寒食节是中国传统节日中唯一以饮食习俗命名的节日，相传是晋文公为悼念介子推而设立的。这天不能用火，要吃冷食，主要吃寒食粥、寒食面。寒食节过后就是清明节，在这一天，人们会吃青团，祭奠祖先，和家人一起去踏青。

寒食粥

青团

端午节

农历五月初五是端午节，传说是为了纪念楚国诗人屈原。端午节主要有赛龙舟、采艾叶和菖蒲、为孩子佩香囊、喝雄黄酒等习俗。这一天家家都要包粽子。粽子，又叫角黍、筒粽，由粽叶包裹糯米蒸煮而成，是端午节的节日美食。

中秋节

农历八月十五是中秋节，这天恰在秋季的中间，所以被称为中秋。古代就有在中秋节这天祭月、赏月、吃月饼、饮桂花酒的习俗，一直流传到今天。八月十五的满月又圆又亮，人们仰望圆月，盼望与家人团聚，所以中秋节又叫团圆节。

重阳节

农历九月初九是重阳节。九月九日两九相重，所以重阳又叫重九。古时候，人们会在这一天出游赏秋、登高望远、赏菊、饮菊花酒、吃重阳糕。如今，九月初九被定为尊老、敬老的节日。

粽子

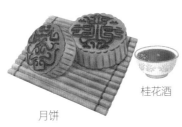

月饼

桂花酒

重阳糕

菊花酒

中国建筑：智慧与美并存

撰文：刘彦朋 Sun 陶然

中国疆域辽阔，不同地方的自然地理条件也孕育了不同风格的民居建筑。各有特色的建筑们，如同一部无声的百科全书，诉说着中华文明的辽远和悠久。

小桥流水人家

南宋以来，江南就是富庶和秀丽的代名词。江南除了风景优美，房子也很特别。这里的人们沿着河岸建房，生活在水网编织成的小镇里。苏州、杭州一带有很多河流、湖泊，河与河之间互相连接，织成一张河流交通网。人们在河道中央架起石桥，沿着河道建起一座座小楼，并预留出一个个小小的码头，方便人们洗涤衣物、乘船或是从来往的船只上购物。

俯瞰江南小镇周庄，只见河道
互相连接，小桥横跨河流，江南小楼林立在河道两旁，绘
成小桥流水人家的场景。

双桥

双桥由一座石拱桥和一座石梁桥组成。从远处看，双桥的桥洞和桥面很像古人使用的钥匙，所以双桥又叫钥匙桥。

富安桥

富安桥始建于元代，相传为元末明初的大商人沈万三的弟弟沈万四出资修建的。

讲究的四合院

四合院又叫四合房，是指古人在四周建造房屋，将庭院围在中间的院落。四合院早在商周时期就已出现，考古工作者在陕西周原发现了西周时期的四合院建筑遗址。

北京的四合院兴起于元朝，鼎盛于清朝。这个时期的四合院有"口"字形的一进院落、"日"字形的二进院落、"目"字形的三进院落，以及四进、五进院落。每个四合院都有一条中轴线，正房在中轴线的中心，是长辈居住的地方；哥哥住在东厢，弟弟住在西厢，佣人住在倒座房；家中的女子住在院子最深处的后罩房。四合院里的这种尊卑长幼的区分，正体现了古代儒家思想中的"礼"。

收售旧衣服的估衣贩

北京四合院的讲究很多，门就是其中之一。古人讲究"门当户对"，四合院的大门象征着主人的身份和地位，因此大门也分成了很多等级：王公贵族和大臣们多用王府大门、广亮大门和金柱大门，蛮子门和如意门多被商人及富户使用，普通百姓大多使用墙垣式大门。

广亮大门

金柱大门

蛮子门

墙垣式大门

当我们走进四合院时，第一眼看到的是一面装饰精美的"墙"，这就是院落中必不可少的影壁。影壁也称照壁，古称萧墙，它的主要作用是遮挡过往行人的视线。即使大门敞开着，行人从门外也看不到院内的情况。影壁还可以增强宅院的气势，并与房屋、院落建筑相辅相成，形成一个整体。

院内一字影壁墙   门前八字影壁

▶延伸知识

中国"三大九龙壁"

中国的"三大九龙壁"指故宫九龙壁、大同九龙壁和北海九龙壁。下图为故宫的九龙壁，位于紫禁城宁寿宫区皇极门外。

不一样的房子们

中华文明是多民族交流融合的文明，各个民族世代生活在中华大地上，分布在不同的地区，形成了不同的文化、风俗习惯，这些都体现在各有特色的民居建筑上。

比如蒙古族的牧民住在蒙古包里，傣族人住在特别的竹楼上，一部分客家人住在庞大的土楼里…… 这些不同造型的房子让中国的传统建筑艺术更加多姿多彩，我们一起来看看吧！

蒙古包

蒙古族被称为"马背上的民族"，他们过着"天苍苍，野茫茫，风吹草低见牛羊"的游牧生活。除了牛羊，伴随他们游走在草原上的还有蒙古包。蒙古包，又叫作毡包，是一种方便拆卸和携带，用羊毛毡子等材料搭建的房子，被以蒙古族为代表的草原诸游牧民族普遍使用。

藏族碉房

藏族碉房是用木构架承重，土石做墙的楼房建筑。底层一般用来圈养牛马，人们通常住在楼上。

写意的徽州民居

徽州民居大多依山傍水而建，丰富多变的屋面和山墙、灰瓦白墙的色彩是徽州建筑的主要特色。

傣族竹楼

傣族竹楼是用竹子和木头建造而成的干栏式房屋。西双版纳属于热带季风气候，降雨量大，因此人们用十根木柱将房屋架离地面，防止潮湿对人体的侵害。

像印章的房子

"一颗印"属于三合院式民居，由正房和厢房组成，整栋房子看上去就像一块方正的印章。这种房屋多见于云南、安徽等地。

像碉堡的房子

开平是著名的华侨之乡。清朝末年，人们漂洋过海，到异国谋生。当积累了一定的财富，人们纷纷回乡建造房屋。这种开平碉楼便吸取了西方建筑特色。自此，带有防御性的碉堡式的楼房开始大量出现。

古代的交通方式

撰文：刘彦朋 陶然

人不畏惧困难，在荒野里开辟出最早的道路，这是迈出了一步；人想要探索远方，于是驯化了牛和马来拉车、骑行，这是迈出了一步；人对于远方的好奇战胜了对于深渊的恐惧，建造出越来越大、越来越先进的船舶，远渡重洋，这是迈出了一步；人类文明的历史，可以说是一部探索远方、发展交通的进化史。

最早的运河

吴国是春秋时期后来居上的国家，通过吞并周边的小国逐渐强大起来。申公巫臣从楚国跑到了吴国，他唆使吴国攻打楚国，帮吴国人练兵强军。吴国击败楚国后，又想攻打齐国。为了北上伐齐，吴王夫差命人在扬州修筑了一座邗城，又调集大量人力，从长江向北挖凿航道，连接淮河。这条航道就是邗沟，是中国历史上有记载的第一条人工运河，也是大运河最早开发的一段。邗沟完工的第二年，吴军兵分两路进攻齐国，一路由邗沟入淮河，另一路从海路进发，打算一举灭掉齐国，称霸中原。

古代的快递业务

驿站是古代为驿使、官员、信差和过路旅客提供服务的机构，有点儿像今天高速路上的服务站。周朝时就有了驿站的雏形。春秋时期，驿站叫作"驲（rì）传"，传递公文书信主要依靠马车。战国时期，古人开始骑马送信。

唐朝的驿站网络

唐朝时，驿站分为陆路上的驿站和水路上的驿站。陆驿备有驿马、驿驴，水驿备有快船。这样的驿站遍及大江南北，全国大约有 1 600 多所。唐朝时期的驿站业务广泛，除了负责接待过往官吏和旅客，传递军事情报、奏章和信件文书外，还要负责追捕逃犯和递送各种贡品。

▶延伸知识

汉朝的驿站叫"驿亭"，传送信件的工作被分成了两种，一种是骑马的"驿"，一种是步行的"邮"，就像今天的快递和平邮。

邮　　驿

驿站

马车

犯人

驿驴

在唐朝，普通的旅店也有
驿驴供客人租用。

唐朝的水驿

水驿是用船来传递信
息的驿站。唐朝时期，全国
有 260 所水驿、86 所水陆
两用的驿站。

贵妃的特快专递

唐朝的杨贵妃爱吃荔枝，皇帝为了讨她欢心，专门设
立运送荔枝的驿马。等到荔枝成熟时，运送荔枝的驿使快
马加鞭，将荔枝从千里之外的重庆涪陵日夜兼程送到长安。
唐代著名诗人杜牧为此留下了"一骑红尘妃子笑，无人知
是荔枝来"的诗句。

代写书信

在古代，不识字的人
需要传送书信时，就
要请文人帮忙代写。

马背上的民族

　　文明的进程往往伴随着多民族的碰撞与融合，来自北方草原的蒙古族以弓马娴熟而著称，无论是远征战斗，还是日常生活，都离不开马，蒙古族也因此被称为"马背上的民族"，正是他们创建了中国历史上疆域辽阔的元朝。

▶延伸知识

成吉思汗是个非常厉害的人物，他建立的大蒙古国一共发动过3次西征，最远打到了欧洲的多瑙河附近。蒙古国军队能行军万里，征战到欧洲，马的功劳很大。忽必烈建立元朝后，马在人们的日常生活中更常见了，人们日常出行、狩猎、巡游时大多会骑马。

马鞍

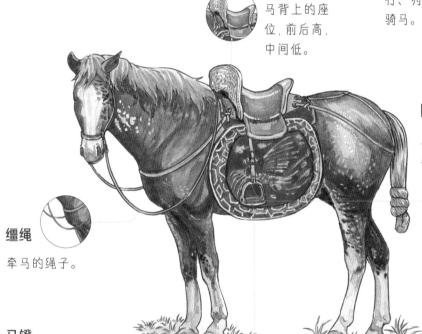

马背上的座位，前后高，中间低。

障泥

用来遮挡马奔跑时踏起的泥土。

缰绳

牵马的绳子。

马镫

挂在马鞍两旁，方便骑马和上下马时踏脚的马具。

中国韵味的艺术

撰文：刘彦朋 Sun 陶然

从经典的诗词，到流行的歌曲；从传统的水墨画，到有趣的漫画；从古老的皮影戏，到宽银幕的立体电影……不同时代有不同的艺术形式，也正是因为艺术，我们的精神世界才如满树繁花般丰盛。下面，我们将开启一场艺术之旅，看一看中华文化灿烂的文化遗产。

沙漠中的石窟艺术

敦煌彩塑

石窟最早是僧人们在山中修行开凿的"小房间"，源于印度。佛教沿着丝绸之路来到中国后，石窟建筑也紧跟着传入。位于河西走廊的敦煌，是丝路上的交通要塞，过往的商人、僧侣络绎不绝。

壁画和彩塑是莫高窟中最宝贵的艺术品，它们创作于不同时代。早期的壁画和彩塑风格多是来自印度的犍陀罗式，不过，这些风格很快就与中国绘画风格相融合，形成了新风格。敦煌壁画的内容十分丰富，不仅有各式各样的佛像、佛本生故事画、说法图，还有很多表现当时社会和生活的图画。其中第257窟中的"九色鹿王本生"壁画还被拍成了动画片。

因为莫高窟的砾石并不适合雕刻，所以，人们多用泥塑造佛像。莫高窟中既有单体塑像，又有成组的群体塑像。这些塑像千姿百态、容貌各异、色彩绚丽，和壁画一样，是莫高窟的艺术瑰宝。莫高窟现存的735个洞窟中，有壁画和彩塑的洞窟就有490多个，壁画的总面积达到了4.5万平方米，彩塑多达2 400余尊。莫高窟因此成为世上规模最大、内容最丰富的佛教艺术圣地，被誉为"沙漠中的美术馆"。

▶ 延伸知识

九色鹿的故事

很久以前，有一只神鹿，身上有九色，被称为"九色鹿"。一天，九色鹿从水中救出一人，落水人想感谢其救命之恩，而九色鹿只要求他不要泄露自己的行踪。落水人答应后离去。一天，王后梦到了九色鹿，求国王猎捕九色鹿，要用它的皮毛做衣裳。国王出重赏寻找九色鹿的行踪。落水人知道后，带领国王前去猎鹿，九色鹿被团团围困。当得知是落水人出卖了自己后，九色鹿向国王陈述了落水人见利忘义的恶行。国王被九色鹿的善良打动，不仅放弃猎捕神鹿，还命国人不准伤害神鹿。而落水人和王后终因贪婪遭到了惩罚。

王羲之与《兰亭集序》

书圣王羲之

魏晋南北朝时期,楷书、行书和草书成为人们青睐的书体,很多书法家都加入了书写新书体的行列,他们的书法艺术备受推崇,成为后人学习的典范。

王羲之,字逸少,琅琊临沂(今属山东)人,是东晋的大书法家,被尊为"书圣"。王羲之从小跟随父亲习字,后来向女书法家卫夫人学习,而卫夫人的老师正是东汉名家钟繇,因此王羲之的楷书算是继承了钟繇的笔法。王羲之长大后钻研张芝、钟繇、蔡邕(yōng)等人的书法,他不是单纯模仿,而是吸取他人的长处。经过多年的刻苦训练,王羲之不仅精通隶、楷、行、草等书体,还创造了自己的风格,特别是行书,达到了出神入化的程度。

卫夫人

卫铄,晋朝女书法家,人们称她为"卫夫人"。她出身于书法世家,祖父、父亲、叔父都是大书法家。卫铄师承钟繇,擅长楷书,对书法理论也很有研究,著有《笔阵图》,广为流传。

《兰亭集序》的出世

　　永和九年三月初三上巳节，王羲之和友人来会稽山阴兰亭游玩。大家坐在小溪两岸，用羽觞杯盛酒，放入水流中，水杯随波逐流，漂到谁面前，谁就要取杯饮酒并吟诗一首。这种文人雅士的活动称为"流觞曲水"。活动结束时，大家提议将所有诗词汇集成册，王羲之作序。王羲之酒意正浓，兴致勃勃地挥笔疾书，一气呵成写下了天下第一行书《兰亭集序》。

王羲之

曲水流觞

　　唐太宗酷爱王羲之的书法，不惜花重金寻求《兰亭集序》真迹。相传，当他得知辩才和尚有真迹时，多次向他购买。不过，辩才和尚不为所动。宰相房玄龄出计谋，让大臣萧翼乔装打扮成落魄书生，骗取辩才的信任。萧翼趁辩才不备，偷走了《兰亭集序》，满足了皇帝的心愿。这个故事还被阎立本画成了画。唐太宗得到《兰亭集序》后就命书法家们临摹了很多版本。可惜现在《兰亭集序》真迹已经遗失，有人认为可能被当作唐太宗的随葬品，埋入了昭陵。

辩才和尚

萧翼

享誉世界的国粹

中国的传统戏剧历史悠久，起源于原始歌舞。宋元时期，戏曲逐渐繁盛，杂剧大受欢迎，去瓦肆、勾栏看杂剧成为时尚。明清时期，中国戏曲的剧种就更多了，如昆曲、秦腔、徽剧、京剧等，多达上百种。

京剧是我们熟知的剧种，被誉为"国粹"。说到京剧的出现，不得不提"徽班"。

"徽班"是指安徽一带演唱二黄腔调的戏班子。公元1790年，为乾隆皇帝祝寿结束后，三庆班留在了北京演出，走红之后，四喜、春台、和春等徽班也来到京城发展，徽班逐渐占领了京城的各大戏台，这就是"四大徽班进京"。徽班进京之后，吸收融合多个剧种之长，形成了一个新剧种，这就是我们熟知的京剧。

看京剧

徽班进京

爱听戏的太后

京剧的发展壮大，离不开皇室的支持，尤其是慈禧太后。她成立了皇家戏班，还经常命宫外的戏班进宫演出。为慈禧唱戏并不轻松，不仅不能出差错，还要注意很多古怪的忌讳。据说，传统名剧《玉堂春》中有句唱词为："苏三此去好有一比，羊入虎口，有去无还。"慈禧听后勃然大怒，马上命人改为"鱼儿落网，有去无还"。原来，慈禧属羊，非常忌讳别人提"羊"字，更何况是"羊入虎口"。

文小生之周瑜

闺门旦之杜丽娘

副净之项羽

老生之孔明

刀马旦之佘赛花

副净之董卓

武丑之刘利华

生、旦、净、丑

京剧中的角色分为生、旦、净、丑。"生"指的是男性角色，其中又划分为老生、小生和武生。"旦"指的是女性角色，其中又分青衣、花旦、刀马旦、闺门旦等。"净"指的是有特异之处的男性角色，脸部用各种颜色勾画脸谱，也就是"大花脸"。"丑"指的是喜剧角色，多只在鼻子周围勾画白色，也就是"小花脸"，有的心地善良、幽默滑稽，有的奸诈阴险。

美丽的神话

撰文：李宗莉 吴易蕊
美术：石子儿

在远古时代，甚至文字还没有出现的时候，神话故事就出现了，它们可以说是先民们对世界最早的理解和阐述。口口相传的故事，或奇幻，或瑰丽，其中都深深埋藏着我们民族的记忆以及对英雄的崇拜。《山海经》是我们研究古代神话不可多得的著作之一，其主要记述的除了神话，还有地理、物产、巫术、宗教、医药等很多方面的内容，让我们一起开启这段奇幻之旅吧！

狰

毕方

样貌 奇异	天赋 捕猎
性格 凶狠	分布 陆地

又西二百八十里，曰章莪之山，无草木，多瑶碧。所为甚怪。有兽焉，其状如赤豹，五尾一角，其音如击石，其名曰狰。

——《山海经·西山经》

样貌 奇异	天赋 纵火
性格 古怪	分布 陆空

有鸟焉，其状如鹤，一足，赤文青质而白喙，名曰毕方，其鸣自叫也，见则其邑有讹火。

——《山海经·西山经》

爱玩火的毕方鸟

在美丽的章莪（é）山下，居住着一个原始部族。

章莪山上有一种凶猛的野兽，名字叫作狰，常常趁着夜色下山袭击人类。附近的族人十分害怕狰，但一点办法也没有。

这天傍晚，一个贪玩的少年在山林中采摘野果。

黑夜降临，少年正要抱着采摘来的果子准备回家，无意间瞥见不远处的草丛中藏着一双可怕的眼睛。

是狰！狰又下山捕猎来了！

就在少年生死存亡之际，丛林间出现了一道火光。追赶少年的狰看到火光，犹豫不前，徘徊了一会儿，转身离去。少年脱离了危险，惊魂未定地朝火光处走去。拨开草丛，他看到了让他吃惊的一幕。只见一只独脚的怪鸟，正对着熊熊烈火翩翩起舞。

他一直等到怪鸟离去，才悄悄钻出草丛，捡起一根火把往回走。后来，族人们知道这件事后，都认为是火光吓退了狰。于是，他们将少年带回来的火种小心地保存了起来。果然，自从有了火之后，豺狼虎豹再也不敢在夜间靠近伤人了！大家还发现，生肉在火上烤熟之后，会变得非常美味。

自从有了火，大家的生活得到了很大改善。可是有一天，看守火堆的族人因犯困忘记添柴火了。等大伙儿发现的时候，火已经全部熄灭了。大家失去了火。就在这时，怪鸟再一次出现了！它用力啄着已经熄灭的木头，速度快到不可思议。奇怪的事情发生了——木头上竟然蹦出了火星！

大伙儿连忙找来尖尖的木棍，模仿怪鸟的长嘴，在木头上飞速钻动。终于，火星冒了出来！在多次尝试和改进后，大家终于取火成功！

原来这只怪鸟是毕方鸟，毕方鸟看到大家学会了钻木取火，就放心地展翅飞走了。从那以后，人类就学会了钻木取火。为了感谢毕方鸟，大伙儿恭敬地将它奉为神灵。

五谷丰登

在一个寒风凛冽的冬夜，一个老人驾着小船在西海上捕鱼。

其他渔夫都已经回家，陪着妻子儿女，围在温暖的火炉边取暖，

可是这个老渔夫却不能回去。

他的老伴儿已经去世，儿子又卧病在床。儿媳妇改嫁，留下一个

嗷嗷待哺的小孙子，每天都因吃不饱而饿得大哭。一家三口就指望着

他一个人多打些鱼回来，变卖后换来药物和粮食。

这天，他正在打渔。"要是能再多打几条鱼就好了！"老渔夫

叹息道。就在他唉声叹气的时候，一条奇怪的鱼"哐"的一声

掉落在了他的船上。

文鳐鱼

| 样貌 奇异 | 天赋 带来丰收 |
| 性格 温和 | 分布 山海 |

又西百八十里，曰泰器之山，观水出焉，西流注于流沙。是多文鳐鱼，状如鲤鱼，鱼身而鸟翼，苍文而白首赤喙，常行西海游于东海，以夜飞。其音如鸾鸡，其味酸甘，食之已狂，见则天下大穰。

——《山海经·西山经》

老渔夫非常好奇，连忙俯身去看。竟然是一条长着翅膀的大鱼！

当老渔夫正要俯身去捉时，大鱼突然展翅飞了起来！

但这条鱼没飞多远就又一头栽进了海里。

老渔夫连忙赶上前去，用渔网将它捞上船来。

回到岸边，老渔夫高高兴兴地拿起鱼篓，想仔细打量打量今天的战利品。可就在这时，鱼竟然说话了！老渔夫吓了一跳，原来，这条会飞的鱼叫作文鳐鱼。它是要为天下百姓带来吉祥与丰收的，可没想到因为赶路太急而掉落在老渔夫的船上。它苦苦恳求老渔夫放了它，因为如果它死了，百姓们在新的一年将会面临巨大的灾难与饥荒。

救自己一家还是救天下苍生？这真是一个艰难的选择！老渔夫思虑再三，终究是将它放走了，还替文鳐鱼包扎了伤口。文鳐鱼鸾鸟一般的鸣叫声，仿佛在感谢老渔夫的不杀之恩，又像是在庆祝自己重获自由。

鱼怎么会说话？！

老渔夫又欣慰又沮丧地回到他的破屋子，继续过着辛劳的生活。他每天打鱼卖鱼，艰难地支撑着这个残破不堪的家。很快就到了春天。这一天清晨，老渔夫正对着空空的米缸发愁，突然，他听到窗外响起了此起彼伏的鸣叫声。他困惑地打开窗户，朝外面看去。

天啊！琅玕（láng gān）、黄金、美玉等数不尽的珍贵财宝正从空中落下！成群结队的文鳐鱼一边飞翔，一边发出绵长而响亮的鸣叫，仿佛在歌唱一般！

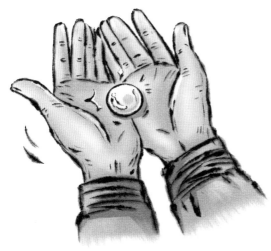

原来，是文鳐鱼回来报恩了！知恩图报的鱼儿们，不舍昼夜地飞到富足的槐江山下，叼来了这些金玉珠宝，抛在老渔夫的家门前！老渔夫一家从此过上了富裕的生活，再也不愁吃穿了。而且，因为文鳐鱼的出现，这个地方从此果然风调雨顺、五谷丰登，连续迎来了好几个丰收年。

驿

样貌 美丽 **天赋** 旋转
性格 活泼 **分布** 山林

北次三山之首，曰太行之山。
其首曰归山，其上有金玉，其
下有碧。有兽焉，其状如麢羊
而四角，马尾而有距，其名
曰驿，善还，其名自讪。

——《山海经·北山经》

鹖

样貌 奇特   **分布** 山林
性格 胆小

有鸟焉，其状如鹊，白身、
赤尾、六足，其名曰鹖，
是善惊，其鸣自詨。

——《山海经·北山经》

人鱼

样貌 丑陋 **天赋** 治病
性格 温和 **分布** 江河

又东北二百里，曰龙侯之山，
无草木，多金玉，决决之水出
焉，而东流注于河。其中多人
鱼，其状如鯑鱼，四足，其音
如婴儿，食之无痴疾。

——《山海经·北山经》

天马

样貌 类犬 **天赋** 飞翔
性格 温和 **分布** 陆空

又东北二百里，曰马成之山，
其上多文石，其阴多金玉。有兽
焉，其状如白犬而黑头，见人
则飞，其名曰天马，其鸣自讪。

——《山海经·北山经》

样貌 平常　　　　**天赋** 治病

性格 温和　　　　**分布** 山林

有鸟焉，其状如乌，首白而身青、足黄，是名曰鹛鹛。其鸣自詨，食之不饥，可以已寓。

—— 《山海经·北山经》

样貌 可怖　　　　**天赋** 猎杀

性格 残忍　　　　**分布** 陆地

又北二百里，曰少咸之山，无草木，多青碧。有兽焉，其状如牛，而赤身、人面、马足，名曰窫窳，其音如婴儿，是食人。

—— 《山海经·北山经》

样貌 怪异　　　　**天赋** 投掷、疾走

性格 温和　　　　**分布** 陆地

有兽焉，其状如犬而人面，善投，见人则笑，其名山猱，其行如风，见则天下大风。

—— 《山海经·北山经》

样貌 可怖　　　　**天赋** 猎杀

性格 凶残　　　　**分布** 陆地

东次四山之首，曰北号之山，临于北海。有木焉，其状如杨，赤华，其实如枣而无核，其味酸甘，食之不疟。食水出焉，而东北流注于海。有兽焉，其状如狼，赤首鼠目，其音如豚，名曰猲狙，是食人。

—— 《山海经·东山经》

青出于蓝

张帆

北京大学历史学系
教授、博士生导师。

我们身边的哪些元素
也属于中国文化

课后半小时编辑组

中华文化是博大精深的，除了我们书中提到的，
你还可以在生活或者学习中感受到它的存在。
今天，我们邀请了北京大学历史学系的张帆老
师，来和大家一起聊一聊这个话题。

张帆老师

大家好，很高兴有这次和读者朋友交谈的机会。在这本书里，我观察到编
者从服饰、饮食、建筑、交通、艺术和神话 6 个方面展开了对中国文化这
个宏大命题的诠释。如果还有什么要展开聊的，不如说说我们的家乡话吧。
通常来说，我们国家按照语音的不同分为了七大方言，分别有北方方言、
吴方言、湘方言、赣方言、客家方言、粤方言和闽方言，每一种方言下都
有着更加精细的划分，和一群鲜活的受众人群画像。
在普通话日渐普及的现在，每次听到自己熟悉的家乡话，都会觉得非常亲
切，这也许就是文化的"有声"魅力吧。根据方言去粗略判断一个人的家乡，
这好比两个初识者之间破冰的密码。生活中有很多细小的时刻，比如，路
人用方言打电话的时候，街边摊贩用家乡话吆喝的时候，某首记忆里的童
谣再次被哼起的时候，我会被这些时刻打动，它们都能让我深切感受到方
言文化的存在。语言和文化的关系，其实是相互沉淀、相互影响的。方言，
承载着一个特定地域的文化和习俗，希望我们在说好普通话的同时，也能
守护好自己的那份乡音。

01 假设在清朝你是一位富商，那你的府邸最可能长什么样？（　　）

A. 蛮子门　　　　　　　　B. 广亮大门　　　　　　　C. 墙垣式大门

02 哪位皇帝特别喜欢王羲之的《兰亭集序》？（　　）

A. 唐玄宗

B. 唐太宗

C. 唐高祖

03 世上第一部关于茶的书出现在哪个朝代？（　　）

A. 汉朝

B. 宋朝

C. 唐朝

名词索引

头脑风暴答案

1.A
2.B
3.C

致谢

《课后半小时　中国儿童核心素养培养计划》是一套由北京理工大学出版社童书中心课后半小时编辑组编著，全面对标中国学生发展核心素养要求的系列科普丛书，这套丛书的出版离不开内容创作者的支持，感谢米莱知识宇宙的授权。

本册《中国文化　华夏文明的底蕴》内容汇编自以下出版作品：

[1]《看文明：200 个细节里的中国史》，北京理工大学出版社，2022 年出版。

[2]《图解少年中国史：服饰的故事》，电子工业出版社，2021 年出版。

[3]《图解少年中国史：饮食的故事》，电子工业出版社，2021 年出版。

[4]《图解少年中国史：房屋的故事》，电子工业出版社，2021 年出版。

[5]《图解少年中国史：交通的故事》，电子工业出版社，2021 年出版。

[6]《图解少年中国史：艺术的故事》，电子工业出版社，2021 年出版。

[7]《图解少年中国史：城市的故事》，电子工业出版社，2021 年出版。

[8]《图解少年中国史：商贸的故事》，电子工业出版社，2021 年出版。

[9]《漫画山海经——画给孩子的奇幻之旅》，电子工业出版社，2023 年出版。

图书在版编目（CIP）数据

课后半小时：中国儿童核心素养培养计划：共31册/
课后半小时编辑组编著. -- 北京：北京理工大学出版社，2023.5
ISBN 978-7-5763-1906-4

Ⅰ.①课… Ⅱ.①课… Ⅲ.①科学知识—儿童读物
Ⅳ.①Z228.1

中国版本图书馆CIP数据核字(2022)第233813号

出版发行 / 北京理工大学出版社有限责任公司
社　　址 / 北京市海淀区中关村南大街5号
邮　　编 / 100081
电　　话 / （010）82563891（童书出版中心）
网　　址 / http://www.bitpress.com.cn
经　　销 / 全国各地新华书店
印　　刷 / 雅迪云印（天津）科技有限公司
开　　本 / 787毫米×1092毫米　1 / 16
印　　张 / 83.5
字　　数 / 2480千字　　　　　　　　　　　　　　　责任编辑 / 李慧智
版　　次 / 2023年5月第1版　2023年5月第1次印刷　文案编辑 / 李慧智
审 图 号 / GS（2020）4919号　　　　　　　　　　 责任校对 / 刘亚男
定　　价 / 898.00元（全31册）　　　　　　　　　 责任印制 / 王美丽